AF494588

BIBLIOTHÈQUE

DE

CHARLES DE LABARTHE

ETHNOGRAPHIE ET LINGUISTIQUE

ORDRE DES VACATIONS.

1re VACATION. — *Vendredi* 10 *mai* 1872.

2e VACATION. — *Samedi* 11 *mai* 1872.

A la fin de la 2e vacation, il sera vendu plusieurs lots de bons livres reliés et de brochures, que le temps n'a pas permis de cataloguer.

CONDITIONS DE LA VENTE.

Les livres vendus devront être collationnés sur place, dans les vingt-quatre heures de l'adjudication. Passé ce délai, ou une fois sortis de la salle de vente, ils ne seront repris pour aucune cause.

Les articles au-dessous de 12 francs ne seront admis à rapport que dans le cas où ils seraient incomplets.

Les acquéreurs payeront, en sus du prix d'adjudication, cinq centimes par franc, applicables aux frais.

Il y aura Exposition de deux à quatre heures.

Le libraire chargé de la vente remplira les commissions des personnes qui ne pourraient y assister.

MM. les Membres de la Société d'Ethnographie et de l'Athénée oriental pourront adresser leurs commissions au secrétariat de ces deux sociétés.

Paris. — Impr. de Mme Ve Bouchard-Huzard, rue de l'Eperon, 5.

CATALOGUE

D'UN

CHOIX DE LIVRES

D'ETHNOGRAPHIE ET DE LINGUISTIQUE

LIVRES ORIENTAUX, CHINOIS, JAPONAIS, SIAMOIS, ETC.,

IMPRIMÉS ET MANUSCRITS

PROVENANT DE LA BIBLIOTHÈQUE

De feu CHARLES DE LABARTHE

SECRÉTAIRE-ADJOINT DE LA SOCIÉTÉ D'ETHNOGRAPHIE,
ANCIEN SECRÉTAIRE DE L'ATHÉNÉE ORIENTAL ET DU COMITÉ D'ARCHÉOLOGIE
AMÉRICAINE, ANCIEN BIBLIOTHÉCAIRE-ADJOINT DE LA SOCIÉTÉ ASIATIQUE,
CORRESPONDANT DE LA SOCIÉTÉ HAVRAISE D'ÉTUDES DIVERSES
ET DE LA SOCIÉTÉ DE GÉOGRAPHIE DE GENÈVE, ETC.

Dont la Vente aura lieu

LES VENDREDI 10 ET SAMEDI 11 MAI, A 7 H. 1/2 PRÉCISES DU SOIR

Rue des Bons-Enfants, 28 (maison SILVESTRE), *salle n°* 1,

PAR LE MINISTÈRE DE Me JUST ROGUET
Commissaire-priseur, rue de Rivoli, 102.

PARIS,
ANTONIN CHOSSONNERY, SUCCESSEUR DE J. F. DELION
LIBRAIRE DE L'ÉCOLE SPÉCIALE DES LANGUES ORIENTALES,
47, quai des Grands-Augustins.

1872

NOTICE

SUR

CHARLES DE LABARTHE

ET SUR

SA BIBLIOTHÈQUE

Jean-François CHARLES, dit *de Labarthe*, ethnographe français, naquit à Paris le 26 mai 1812. Livré, dès sa plus tendre jeunesse, à sa seule initiative, son penchant naturel pour les sciences le porta successivement à aborder l'étude des principales branches des connaissances humaines. Les progrès rapides qu'il fit dans les mathématiques lui ouvrirent, au sortir de l'adolescence, la porte d'un architecte qui lui confia la direction de ses affaires et de ses travaux. Cette modeste position lui permit de continuer ses chères études, et les ressources qu'il tira de son labeur furent employées à l'achat des livres qui devaient être le point de départ de la collection considérable dont il réunit les éléments par des recherches *quotidiennes* pendant toute la durée de son existence.

Nous n'essayerons pas ici de raconter la vie si romanesque, souvent si triste et si émouvante, de ce regrettable savant. Il nous suffira de rappeler quelques circonstances qui se rattachent particulièrement à l'histoire de sa bibliothèque.

Ami de notre grand poëte Victor Hugo, du mathématicien Wronski, de François Arago, d'Auguste Comte, du docteur Hoefer, etc., il eut l'occasion de faire ressortir, aux yeux de ces célébrités contemporaines, tout un système d'idées scientifiques originales, auxquelles ces savants attachaient le plus grand prix, et qui eussent valu à son auteur une réputation considérable, s'il eût eu le temps de leur donner une forme définitive et de les publier. Malheureusement, Charles de Labarthe, complétement absorbé par les idées qu'il méditait, était incapable de songer à améliorer la condition matérielle de son existence, et, enfermé dans une mansarde au sixième étage, rue du Petit-Pont, il y vivait dans une condition assez voisine de la misère. Ce n'était pas qu'il fût précisément sans ressources personnelles, mais son amour des livres et les exigences de ses études l'amenaient à dépenser tout son avoir dans les librairies. Bien souvent nous l'avons vu vendre ses vêtements, d'ailleurs très-modestes, et renoncer à toute nourriture pour réunir la somme nécessaire à l'acquisition d'un ouvrage dont il avait besoin. Sa mort prématurée tient, en grande partie, aux privations continuelles qu'il s'imposait dans l'intérêt de sa bibliothèque et de ses travaux.

En 1848, Victor Hugo l'engagea à se présenter à l'Assemblée nationale constituante et fit les frais de sa candidature. Grâce à ce puissant patronage, il obtint un nombre de voix considérable, bien qu'insuffisant pour assurer son élection. Il n'avait, du reste, absolument rien fait par lui-même pour être nommé, et pendant toute la période électorale il avait continué, comme par le passé, à poursuivre ses recherches dans la solitude de son cabinet.

En 1858, il fut admis comme membre de la Société asiatique, et, le 13 juillet 1860, il fut élu bibliothécaire-adjoint de cette savante compagnie.

En 1859, il fut un des fondateurs de la Société d'Ethnographie, aux travaux de laquelle il collabora tout le reste de son existence, d'abord en qualité de membre ordinaire, plus tard comme secrétaire-adjoint.

En 1863, il fut secrétaire du Comité d'archéologie américaine de Paris, qu'il avait contribué à fonder, et remplit, de 1867 à 1869, la même fonction à l'Athénée oriental. Plusieurs sociétés savantes de la province et de l'étranger, notamment la Société havraise d'études diverses et la Société de géographie de Genève, l'admirent au nombre de leurs correspondants. Enfin il fut collaborateur assidu de plusieurs journaux, parmi lesquels la *Civilisation*, qui fut tuée par mesure administrative, sous le dernier régime, avait tout particulièrement ses sympathies. Quelques jours avant sa mort, il parlait encore avec ardeur de son désir de faire renaître ce journal, auquel il attribuait une place nécessaire dans le domaine de la presse contemporaine.

La collection de livres et de manuscrits que nous présentons aujourd'hui aux amis des sciences philosophiques, ethnographiques et orientales est loin de comprendre la bibliothèque entière de feu Charles de Labarthe. Par le fait de sa négligence à consigner par écrit le vœu de toute sa vie, cette bibliothèque, dont la plupart des volumes portaient la trace de ses études et de ses idées, a été vendue par lots, presque sans publicité et absolument sans catalogue, à l'hôtel des commissaires-priseurs, où elle a été disséminée entre des mains pour la plupart ignorantes des véritables trésors qu'elle renfermait. Quelques-uns de ses anciens amis se sont rendus adjudicataires de plusieurs de ces lots, et se sont efforcés de racheter les meilleurs volumes de sa collection qu'ils ont pu rencontrer depuis lors dans les librairies; ils se sont attachés surtout à sauver de la destruction tout ce qu'ils ont pu acquérir des manuscrits et des notes de ce savant philosophe. Ce sont ces épaves d'un naufrage très-regrettable pour les penseurs et pour les vrais adeptes de la science, qu'on a réunies dans ce Catalogue, en se proposant un double but : d'abord de conserver la mémoire de cette bibliothèque importante, non pour les bibliophiles et les chercheurs de beaux livres, mais pour les savants et les chercheurs d'idées; ensuite pour engager les personnes qui comprendraient la valeur des documents épars de cette collection à faire des efforts dans le but de sauver de l'anéantissement les fragments qu'il est peut-être encore possible de réunir.

Labarthe était un de ces esprits extraordinaires et originaux que beaucoup de personnes se plaisaient à critiquer, faute d'en avoir compris la portée. Le but de ses amis sera atteint si cette vente d'une faible partie de sa collection appelle sur ses travaux inédits l'attention des hommes de pensée qui seraient à même de les comprendre, de les poursuivre et d'en tirer tout ce qui peut contribuer au progrès de la recherche humaine.

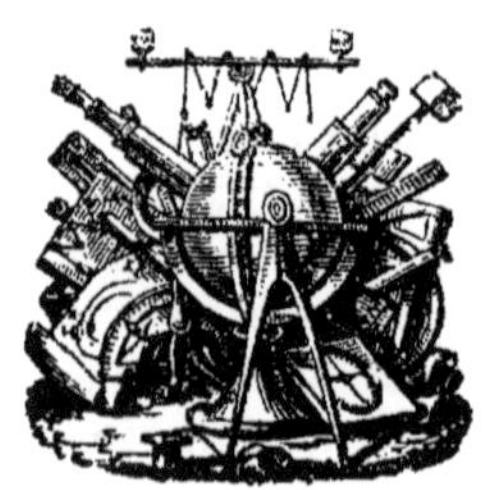

CATALOGUE

DE

LIVRES ET MANUSCRITS

RELATIFS

A L'ETHNOGRAPHIE, A LA LINGUISTIQUE ET A L'HISTOIRE DE L'ORIENT.

I. PHILOSOPHIE.

1. Traité métaphysique des dogmes, par M. de la Marne. *Paris,* 1826. — In-12.

2. Mystères du sommeil et du magnétisme, par Debay. *Paris,* 1845. — In-12, deux planches.

3. Notes et documents sur les sciences et la philosophie, par Charles de Labarthe. MANUSCRIT in-fol.; dem.-parch. blanc.

II. SCIENCES EXACTES ET NATURELLES.

4. Notes scientifiques autographes, extraites des papiers de M. J. Charles de Labarthe. Un vol. in-4°; dem.-parch. (MANUSCRIT).

5. Nouvelle arithmétique théorique et pratique, par E. A. Tarnier. *Paris*, 1864.— In-12; dem.-rel.

6. Cours de mathématiques, à l'usage de la marine, par Bézout. Algèbre. *Paris*, 1798. — In-8°.

7. De l'orfévrerie électro-chimique. Histoire et description, par Victor Meunier. *Paris*, 1861.— In-12.

8. Grand atlas d'architecture militaire. *S. l. n. d.* — In-fol.; dem.-rel.

9. Cours d'instruction propre aux sous-officiers d'infanterie. *Paris*, *Imp. imp.*, 1814. — In-fol., rel.

10. Instruction sur le service de l'artillerie, par Hulot. *Paris*, 1809. — In-12; dem.-v. fauve.

11. Brochures sur le recrutement. Recueil in-8° ; dem.-rel.

12. Traité de l'art de faire des armes, par Lafaugère. *Paris*, 1825. — In-8°.

13. Administration et organisation de l'armée. Un lot de 20 vol. in-8°.

14. Précis élémentaire d'histoire naturelle, par G. Delafosse. *Paris*, 1831. — In-12.

15. Instruction sur l'amélioration des chevaux en France, par J. B. Huzard. *Paris*, an X. — In-8°.

16. Souvenirs de chasse, par Louis Viardot. *Paris*, 1859. — In-12; dem.-mar. vert.

III. ETHNOGRAPHIE.

Ethnographie générale.

17. Actes de la Société d'Ethnographie américaine et orientale. 1re série, tomes I et II (seuls publiés). *Paris*, 1859-61. — En un vol. in-8°, planches; dem.-mar. rouge.

Le tome I de cette série est très-rare.

18. Actes de la Société d'Ethnographie, 2e série, tome Ier (seul complété jusqu'à présent). *Paris*, 1867. — In-8°; dem.-rel.

19. Mémoires de la Société d'Ethnographie, 1re série : REVUE ORIENTALE ET AMÉRICAINE. *Paris*, 1858-65. — Dix vol. in-8°, cartes et planches; dem.-rel.

Exemplaire très-complet de cette collection devenue rare. Annotations importantes de la main de M. Charles de Labarthe.

20. Mémoires de la Société d'Ethnogaphie. 2e série, *Paris*, 1870. — In-8°, fig., planches.

Tome XI, seul publié jusqu'à présent.

21. Mémoires couronnés par la Société d'Ethnographie. *Paris*, 1869-70. — In-8°.

Parties I et II, seules publiées jusqu'à présent.

22. Mémoires sur l'archéologie américaine et sur l'ethnographie du Nouveau-Monde, publiés par

la Société d'Ethnographie. *Paris*, 1865. — In-8°, cartes, grav., photolithograph.; dem.-rel.

Tome II, seul publié jusqu'à présent.— Notes de la main de M. de Labarthe.

23. La civilisation, journal ethnographique des Deux-Mondes. 1866. — In-4°; dem.-parch.

Collection complète de ce curieux recueil, qui fut supprimé par mesure administrative après son 25e numéro. M. de Labarthe fut un de ses principaux rédacteurs.

24. Linguistique et Ethnographie. Recueil de pièces. — Un vol. in-8°; dem.-bas. rouge.

25. Histoire et Ethnographie. Recueil de pièces. — Un vol. gr. in-8°; dem.-bas. rouge.

26. Ethnographie et Politique. Recueil de pièces. — Un vol. in-8°; dem.-bas. rouge.

Annotations de la main de M. de Labarthe.

27. Notes et documents inédits relatifs à l'ethnographie et aux sciences qui s'y rattachent. Manuscrit autographe de Charles de Labarthe. — In-fol.; dem.-parch.

28. Aperçu général de la science ethnographique, par Charles de Labarthe. *Paris*, 1866. — In-8° (50 exemplaires).

C'est le meilleur travail de l'auteur.

29. Rapport sur les progrès de l'ethnographie orientale, par Charles de Labarthe. *Paris*, 1862. — In-8°.

Douze exemplaires.

30. Nouveaux mélanges asiatiques, ou recueil de morceaux de critique et de mémoires relatifs

aux religions, aux sciences, aux coutumes, à l'histoire et à la géographie des nations orientales, par Abel-Rémusat. *Paris*, 1829. — 2 vol. in-8°.

Ethnographie descriptive.

31. Ethnogénie gauloise ou mémoires critiques sur l'origine et la parenté des Cimmériens, des Cimbres, des Ombres, des Belges, des Ligures et des anciens Celtes, par le baron Roget de Belloguet. Tomes II et III. *Paris*, 1861-68. — 2 vol. in-8°.

Vol. II. Preuves physiologiques. Types gaulois et celtobretons. Figures. — Vol. III. Preuves intellectuelles. *Le Génie gaulois.* Caractère national, mœurs, institutions, industrie, druidisme, etc.

32. De l'origine des dénominations ethniques dans la race aryane. Etude de philologie et de mythologie comparées, par J. Baissac. *Paris*, 1867. — In-8°.

33. Mémoires sur quelques anciens monuments de l'Asie, analogues aux pierres druidiques. *Paris*, — In-8°.

34. Mémoires sur les antiquités de la Perse et sur l'histoire des Arabes avant Mahomet, par Sylvestre de Sacy. *Paris*. — In-4°.

35. Relations politiques et commerciales de l'Empire romain avec l'Asie orientale (l'Hyrcanie, l'Inde, la Bactriane et la Chine), pendant les cinq premiers siècles de l'ère chrétienne, d'après

les témoignages latins, grecs, arabes, persans, indiens et chinois, par Reinaud. *Paris, Impr. imp.*, 1863. — In-8°, 4 cartes.

36. Observations sur quelques points de la doctrine Samanéenne, et en particulier sur les noms de la triade suprême chez les différents peuples bouddhistes, par Abel-Rémusat. *Paris, Imp. royale,* 1831. — In-8°.

37. Traces de buddhisme en Norvège, avant l'introduction du christianisme, par C.-A. Holmboe. *Paris,* 1857. — In-8°, planches.

38. Observations sur l'histoire des Mongols de Sanang-Setsen, par Abel-Rémusat. *Paris, Impr. royale,* 1832. — In-8°.

39. Le Mitakchara (traité des successions), et le Dattaca-Chandrica (traité de l'adoption), traduit en français avec des explications, suivis de l'énumération de tous les législateurs hindoux et de l'indication de leurs ouvrages, par Orianne. *Paris,* 1845. — In-8°.

Politique.

40. L'humanité, ses droits et ses devoirs, par Commerson. *Paris,* 1861. — In-12, pl. coloriée.

41. L'Église, l'État et la liberté, par Léon Bienvenu. *Paris,* 1861. — In-8°.

42. Vie privée, politique et militaire des Romains sous Auguste et sous Tibère. *Paris,* 1801. — In-8°.

43. Du pouvoir temporel et de la souveraineté pontificale, par A. Crestadoro; texte revu par Lucien de Rosny. *Paris*, Poulet-Malassis, 1861. — In-8°.
44. Progrès et position actuelle de la Russie en Orient. *Paris*, 1836. — In-8°, carte coloriée des annexions russes.

IV. LINGUISTIQUE.

Linguistique générale et comparée.

45. Revue de linguistique et de philologie comparée. Recueil trimestriel. 1867-70. — In-8°.
46. De l'origine du langage, par Léon de Rosny, *Paris*, 1869. — In-8°.
47. Grammaire générale indo-européenne, ou comparaison des langues grecque, latine, française, gothique, allemande, anglaise et russe entre elles et avec le sanscrit, par F. G. Eichhoff. *Paris*, publiée par l'Athénée oriental, 1867. — In-8°.
48. Lettre à Abel-Rémusat sur la nature des formes grammaticales en général et sur celles de la langue chinoise en particulier, par Guill. de Humboldt. *Paris*, 1827. — In-8°.
49. Recherches sur les langues tartares, ou Mémoires sur différents points de la grammaire et de la littérature des Mandchous, des Mongols,

des Ouigours et des Tibétains, par Abel-Rémusat. *Paris*, *Imp. royale*, 1820. — In-4°.

50. Saggio di lingua Etrusca et di altre antiche d'Italia, per servire alla storia de'popoli, delle lingue e delle belle arti. 2e edizione, per Luigi Lanzi. *Firenze*, 1824-25. — 3 vol. in-8°; portr. et fig. d'anciennes inscriptions étrusques, etc. (publié à 30 fr.).

C'est le plus savant ouvrage qui existe sur les anciennes langues italiques.

Théorie des signes ; paléographie.

51. De l'écriture et des alphabets chez les différents peuples, par J. C. de Labarthe. *Paris*, *l'auteur*, 1854. — In-8°.

52. Archives paléographiques de l'Orient et de l'Amérique. Recueil trimestriel, publié par Léon de Rosny. *Paris*, 1870. — In-8°.

Livraisons publiées (tome I), nos 1, 2 et 3.

53. Les écritures figuratives et hiéroglyphiques des peuples anciens et modernes. 2e ÉDITION, par Léon de Rosny. *Paris*, 1870.—In-4°, pl. coloriées.

54. Chroniques scientifiques, par Ch. de Labarthe. In-8° (quatre-vingt-douze exemplaires).

55. Alphabet des langues de l'Orient, par Charles de Labarthe (une liasse). In-8°.

56. Alphabet unitaire linguistique, par Dufriche-Desgenettes. Tableau in-8° (cinquante-deux exemplaires).

57. Clavis stenographiæ Ioannis Trithemii Abbatis Spanheimensis. Venundatvr ap. Io. Bernerum. *Francofurti*, 1621. — Pièce in-4°.

Langues européennes.

58. Grammaire des Grammaires, par Girault-Duvivier. 9e édition. *Paris*, 1840. — Deux volumes in-8° ; rel.
59. Grammaire pratique de la langue anglaise, par Sadler. 8e édition, *Paris*, 1848. — In-12, planche coloriée; cart.
60. Dictionnaire de poche français-anglais et anglais-français.— In-12.
61. Nouvelle grammaire italienne, par Pie de Cardelli. *Paris*, 1843. — In-12; dem.-rel.
62. Dictionnaire portatif français-italien et italien-français. *Paris*, Seguin, 1825. — In-16; rel.
63. Dictionnaire de poche espagnol-français et français-espagnol, par A. Berbugger. 7e édition. *Paris*, 1842. — In-16.
64. Grammaire polyglotte, ou Tableaux synoptiques comparés des langues française, allemande, anglaise, italienne, espagnole et hébraïque, par S. Jost. 2e édition. *Paris*, 1852. — In-8°.
65. Grammaire française-russe, avec des tableaux synoptiques pour les déclinaisons et les conjugaisons, des thèmes ou exercices gradués pour l'application des différentes règles de la grammaire, le corrigé de ces exercices et l'accentua-

tion de tous les mots russes, par Ch. Reiff. 3e édition. *Paris*, 1860. — In-8°, planches d'écritures gravées.

66. Petit manuel de la langue russe, ouvrage dans lequel les mots russes sont représentés avec leur prononciation figurée en caractères français et prosodiés, par Reiff. Nouvelle édition revue et corrigée. *Paris*, 1863. — In-12.

67. Dictionnaire russe-français, ou Dictionnaire étymologique de la langue russe, dans lequel les mots russes sont classés par familles. Contenant : la comparaison des racines slavonnes avec les racines sanscrites, persanes, grecques, latines, germaniques, arabes et hébraïques ; l'étymologie des mots que la langue russe a empruntés des autres idiomes tant européens qu'asiatiques ; l'accentuation placée sur tous les mots; l'alphabet russe comparé aux alphabets sanscrit, arabe, hébreu et grec, par Reiff. *Saint-Pétersbourg*, 1835-36. — 2 vol. in-8°.

68. Histoire queurieuse et terrible doou tems du monsieur du Malberoug, et qui intéresse in brin l'ounour des fenmes doou paÿs du Poussese et cti du messieurs leus maris, tous bons champunès. *Paris*, *Techener*, 1851. — Gr. in-8° br.

Satire très-curieuse en patois champenois et tirée à 120 exemplaires seulement.

69. Saggio sui dialetti gallo-italici, per B. Biondelli. *Milano*, 1853. — In-8°, carte.

Cet ouvrage est divisé en trois parties. Parte prima : *Dialetti Lombardi;* Parte seconda : *Dialetti Emiliani;* Parte terza : *Dial. Pedemontani.* Il contient des notions grammaticales, la traduction de la parabole de l'Enfant prodigue dans plus de 80 dialectes italiens, des extraits des meilleurs auteurs et un petit vocabulaire. A la suite, un Catalogue complet de tous les ouvrages imprimés dans ces dialectes.

70. Histoire des Basques, ou Escualdunais primitifs, restaurée d'après la langue, les caractères ethnologiques et les mœurs des Basques actuels, par Baudrimont. *Paris*, 1867. — In-8°.

71. La langue basque et les idiomes de l'Oural, par H. de Charencey. 1er fasc. Structure grammaticale et déclinaison. *Paris*, 1862. — In-8°.

72. Grammaire, dialogue et vocabulaire de la langue des Bohémiens ou Cigains, par J. A. Vaillant. *Paris*, 1868. — In-8°.

73. Les Rômes. Histoire vraie des vrais Bohémiens, par le même. *Paris*, 1857. — In-8°.

74. Essai sur la Rigsmaal saga, avec le texte islandais, et sur les trois classes de la société germanique, par Max. de Ring. *Paris*, 1854. — In-12.

75. Grammaire de la langue roumaine, par V. Mircesco, précédée d'un aperçu historique sur la langue roumaine, par A. Ubicini; suivie de dialogues français-valaques, de chansons populaires, etc. *Paris*, 1863. — In-12.

76. Grammaire grecque, contenant les dialectes et la différence avec le grec vulgaire, par Minoïde Mynas. *Paris*, 1828. — In-8°.

77. Dictionnaire grec-moderne français, par F. D. Dehèque. *Paris*, 1825. — In-12 de 700 p.

78. Nouveau dictionnaire français-grec moderne, le plus complet de ceux publiés jusqu'à ce jour, comprenant les mots techniques des sciences, des arts, etc., qui ne se trouvent pas dans celui de Skarlatos et Koromilas, rédigé par E. M. P. Laas d'Aguen. *Paris*, 1858. — In-12 de 950 p.

V. HISTOIRE, GÉOGRAPHIE, VOYAGES.

Généralités.

79. Précis d'histoire contemporaine, par E. Maréchal. *Paris*, 1868. — In-12; dem.-rel.

80. Atlas historique ancien et moderne, par Félix Ansart. Histoire romaine et ancienne. *Paris*, 1837. — In-fol.; cart.

Histoire de l'Europe et Géographie.

81. Dictionnaire de la constitution et du gouvernement français. *Paris*, l'an III de la liberté française. — In-8°.

82. Des nobles Rois de l'Epinette, ou Tournois de la capitale de la Flandre française, par Lucien de Rosny. *Lille, Reboux-Leroy*, 1836. — In-8°.
Titre et six planches gravées à l'eau-forte.

83. L'Épervier d'or, ou Description historique des Joutes et des Tournois qui, sous le titre de Nobles Rois de l'Epinette, se célébrèrent à Lille au moyen âge. Nouvelle édition considérablement

augmentée, ornée de plus de 360 blasons, de 16 lithographies calquées sur les manuscrits originaux et enrichie d'une notice inédite sur la Fête des Forestiers, à Bruges, par Lucien de Rosny. *Valenciennes, Prignet*, 1839. — In-8°; dem.-maroq. viol.

84. Histoire de l'abbaye de N. D. de Loos (ordre de Cisteaux et filiation de Clervaux), depuis sa fondation jusqu'à sa suppression, par Lucien de Rosny. *Valenciennes*, 1837. — In-8°, planches; dem.-v. corinthe.

85. Notice du XIVe ou XVe siècle sur Bertrand de Rayns, hermite, qui sous le nom de Baudoin de Constantinople, cuidoit par sa déception estre conte de Flandres et de Haynau, publiée d'après un MANUSCRIT de la Biblioth. Roy., par Lucien de Rosny. *Paris*, s. d. — Gr. in-8°, cart. (*gothique*).

86. Notice sur Bertrand de Rayns. Même ouvrage. Exempl. sur papier jaune. — In-8°; dem.-mar. grenat.

87. Atlante maritimo delle Due-Sicilie. 1792. — In-plano (plusieurs feuillets endommagés).

88. Précis historique sur les révolutions des royaumes de Naples et de Piémont. *Paris*, 1821. — In-8°.

89. Journal du siége de Gaëte, par Charles Garnier. *Paris*, 1861. — In-12.

90. Lettres sur le gouvernement, les mœurs et les

usages en Portugal, par Castigan. *Paris*, 1810. — In-8°.

91. Lettres sur la guerre de Russie en 1812, sur la ville de Pétersbourg, les mœurs et les usages des habitants de la Russie et de la Pologne, par L. V. D. P. *Paris*, 1816. — In-8°.

Histoire et géographie de l'Orient et de l'Amérique.

92. Mémoires sur diverses antiquités de la Perse, et sur les médailles des rois de la dynastie des Sassanides; suivis de l'histoire de cette dynastie, traduite du persan de Mirkhond par Silvestre de Sacy. *Paris, Impr. du Louvre*, 1793. — In-4°.

Une des productions les plus importantes de l'illustre orientaliste.

93. Variétés orientales, historiques, géographiques, scientifiques, bibliographiques et littéraires, par Léon de Rosny. 2e édition. *Paris*, *Maisonneuve*, 1869. — In-8°, planches, titre rouge et noir.

94. La Syrie, la Palestine et la Judée. par le R. P. Laorty-Hadjy. *Paris*, 1854. — In-12.

95. Seize mille lieues à travers l'Asie et l'Océanie, par le comte Russell-Killongh. *Paris*, 1864. — 2 vol. in-12, carte, pl.

96. L'Oyapoc et l'Amazone, par J. Caetano da Silva. *Paris*, 1861. — 2 vol. gr. in-8°.

97. Documents inédits sur l'empire des Incas, par Charles de Labarthe. *Paris*, 1861. — In-8° (Vingt-trois exemplaires).

98. Percement de l'isthme de Panama, par F. Belly. *Paris,* 1858. — In-8°, cartes en couleur.

VI. LITTÉRATURE. — OUVRAGES DIVERS.

99. La pierre de touche politique. *Heidelberg,* juillet à décembre 1690. — In-12; v. ant.

100. Deux dissertations, l'une sur les bibles françoises, et l'autre sur l'éclaircissement ou phénomène littéraire, par N. Indès. *Paris,* 1770. — In-12; cart.

101. Deux épîtres de saint Clément Romain, disciple de Pierre apostre, tirées d'un manuscrit syriaque et publiées avec la version latine, par J. Jacques Wetstein. *Leyde, Imp. Luzac,* 1752. — In-8°; rel.

102. Aux mânes de Louis XV. Essai sur les progrès des arts et de l'esprit humain, sous Louis XV. Aux *Deux-Ponts,* 1776. — In-8°; dem.-parch.

103. Musée impérial des monuments français, par Alex. Lenoir. *Paris,* 1810. — In-8°.

104. Consciences littéraires d'à présent, par un jury de vrais libéraux. *Paris,* 1818. — In-8°.

105. L'art de faire des dettes et de promener ses économies, par un homme comme il faut. *Paris,* 1822. — In-8°.

106. Mémoires de G. J. Ouvrard sur sa vie et ses opérations financières. *Paris,* 1826. — Volume in-8°.

107. Description de la Bible écrite par Alchuin,

et offerte à Charlemagne, l'an 801, par J. H. de Speyr-Passavant. *Paris,* 1829. — In-8°.

108. Analyse et extrait de harangues de Démosthènes, Eschine, Lysias et Isocrate, par Ragon. *Paris,* 1836. — In-12; Bradel.

109. Œuvres complètes d'Horace, traduites en français, espagnol, italien, anglais et allemand, avec texte latin en regard. Edition polyglotte publiée sous la direction de J. B. Monfalcon. *Paris,* 1834. — Gr. in-8°.

110. OEuvres de Virgile, traduites en français, en espagnol, en italien, en anglais, en allemand et texte en regard. Edition polyglotte publiée sous la direction de J.-B. Monfalcon. *Paris,* 1838. — Gr. in-8°.

111. Imitation de J. C., traduite en français, en grec, en anglais, en italien, en espagnol, en portugais et texte latin en regard, précédée d'études sur ce livre, d'un essai sur son auteur et d'une notice bibliographique, publiée par J. B. Monfalcon. *Lyon,* 1841. — Gr. in-8°.

112. De la sainteté et des devoirs de la vie monastique, par le R. P. Le Bouthillier de Rancé. *Paris,* 1846. — In-8°. || Eclaircissements de quelques difficultés que l'on a formées sur le livre de la Sainteté, par le même. *Paris,* 1847. — In-8°.

113. OEuvres de Louis-Napoléon Bonaparte. *Paris,* 1848. — 2 vol. in-8°; dem.-rel.

114. Etudes historiques et philosophiques sur la franc-maçonnerie ancienne et moderne, par Boubée. *Paris*, 1854. — In-8°.

115. Album de l'Exposition universelle, par le baron Brisse. *Paris*, 1856. — 3 vol. gr. in-4°, fig. pl., portrait gravé; dem.-mar. noir.

116. Œuvres choisies de A. F. Ozanam. *Paris*, 1859. — In-12; dem.-rel.

117. L. Jean, Misanthrope sans repentir. Fragments de sagesse. *Paris*, 1860. — In-12; dem.-reliure.

118. Hernani, par Victor Hugo. — In-8°; dem.-veau brun.

VII. PÉRIODIQUES, BIBLIOGRAPHIE.

119. La famille de Jacob, publ. mensuelle, par Benjamin Mossé. *Avignon*, 1867-68. — 16 livraisons in-8°.

120. Actes de l'Académie impériale de Bordeaux. *Bordeaux*. — In-8°.

3ᵉ Série, année 1867.

121. Recueil des publications de la Société havraise d'Études diverses. *Havre*. — Gr. in-8°.

Années 1864-65.

122. Mémoires de l'Académie de Stanislas. *Nancy*. In-8°, planches.

Année 1868.

123. Actes de la Société d'Ethnographie. Un lot de vingt-cinq numéros. — In-8°.

124. Bulletin de l'Athénée oriental. 1868-70. — In-8°; rel.

Tomes I et II, et les livraisons parues du tome III.

125. La Presse algérienne, journal hebdomadaire. 1857. — In-fol.; dem.-parch. vert.

Collection complète et rare de ce journal, dont M. de Labarthe fut un des fondateurs.

126. Le Réveil de l'Orient, organe de l'émancipation des races asiatiques et africaines. 1859-60. — In-4°; dem.-parch. vert.

Collection complète de ce journal, dont M. de Labarthe était un des principaux rédacteurs. Elle se compose de 21 numéros, aujourd'hui introuvables.

127. Revue orientale et américaine. Un lot de quarante numéros divers. — In-8°, pl.

128. Journal asiatique. Un lot de trente numéros divers. — In-8°.

VIII. OUVRAGES DIVERS.

129. Exposition universelle de 1851. Travaux de la commission française sur l'industrie des nations. *Paris, Impr. imp.* — 9 vol. in-8°.

130. Exposition universelle de 1867. — Collection de documents étrangers. 20 vol. in-8°.

131. Bibliographie. Catalogues choisis de ventes de livres. — 20 vol. in-8°.

131 *bis*. Sous ce numéro, il sera vendu plusieurs lots de bons livres que le temps n'a pas permis de cataloguer.

LIVRES ET MANUSCRITS ORIENTAUX.

IX. LANGUES SÉMITIQUES.

132. Grammatica hebraica, auctore Slaugter, ed. curante Bargès, in Academ. Paris. linguæ hebraicæ professore. Editio tertia, notis et tabellis aucta et ad meliorem ordinem digesta. *Parisiis*, 1867. — In-8°.

133. Toison d'or de la langue phénicienne, par l'abbé F. Bourgade. *Paris*, 1856. — In-fol., planches.

134. Leçons de langue samaritaine données au Collége de France, par J. J. Marcel. *Paris*, 1819. — In-8°.

135. Leçons de langue éthiopienne données au Collége de France, par J. J. Marcel. *Paris*, 1819. — In-8°, br.

X. HIÉROGLYPHES ÉGYPTIENS. — CUNÉIFORMES.

136. Notice sur les manuscrits autographes de Champollion le Jeune, par Champollion-Figeac. *Paris*, 1842. — In-8°, *fac-simile*.

137. Analyse grammaticale du texte démotique du décret de Rosette, par F. de Saulcy. *Paris*, 1845. — In-4°, 2 planches.

138. Les Écritures cunéiformes, exposé des travaux qui ont préparé la lecture et l'interprétation des inscriptions de la Perse et de l'Assyrie, par J. Ménant. Seconde édition. *Paris*, 1864, gr. in-8°, planches.

139. Les noms propres assyriens. Recherches sur la formation des expressions idéographiques, par J. Menant. *Paris*, 1861. — In-8°.

140. Inscriptions des revers des plaques du palais de Khorsabad, traduites sur le texte assyrien, par J. Ménant (texte, transcription et traduction). *Paris*, *Imp. imp.*, 1865. — In-folio.

141. Inscriptions de Hammourabi, roi de Babylone (XVIe siècle avant J. C.), traduites et publiées avec un commentaire à l'appui, par J. Ménant. *Paris*, 1863. — In-8°, 12 planches.

XI. ARABE. — TURC. — PERSAN.

142. Le Gulistan, de Sadi, ou le Parterre des fleurs, traduit littéralement avec des notes historiques et grammaticales, par Semelet. *Paris*, 1834.—In-4°.

143. Histoire des Sassanides, par Mirkhond, texte persan (publ. par Am. Jaubert). *Paris*, 1843. — In-8°.

144. Grammaire persane de W. Jones, trad. par Garcin de Tassy. Deuxième édition. *Paris*, 1845. — In-12.

145. Histoire des Sultans de Kharezm; texte persan, accompagné de notes philologiques, historiques

et géographiques (publ. par Defrémery). *Paris* 1842. — In-8°.

146. Al-Mufassal, opus de re grammatica arabicum, auctore Abu'l-kâsim Mahmûd bin 'Omar. Ad fidem codicum manu scriptorum edidit J. P. Broch. *Christianiæ*, 1859.— In-8°, papier vélin.

147. Grammaire turque, précédée d'un discours préliminaire sur la langue et la littérature des nations orientales, avec vocabulaire, dialogues, extraits en prose et en vers, etc., par Davids, traduits de l'anglais par Sarah Davids. *Londres*, 1836. — In-4°, planches.

148. Eléments de la grammaire turque, par L. Dubeux. *Paris*, 1856. — In-12.

149. Févaydi-Charquiyé, ou Abrégé de grammaire orientale, turque, arabe et persane, expliquée en turc, par Mallouf. *Smyrne*, 1856. — In-8°.

150. Et-teuhf êt-uz-zéhiyèt fil-loghat-ich-charqiyèt. Guide de la conversation en trois langues, turc, arabe et persan, par Mallouf. *Smyrne*, 1853. — In-12 oblong.

151. Vocabulaire oriental français, italien, arabe, turc et grec, pour la seule prononciation, par Letellier. *Paris*, 1838. — In-8° oblong.

152. Grammaire élémentaire de la langue turque; suivie de dialogues familiers avec la prononciation figurée, et d'un petit secrétaire ou modèle de lettres, du Hatt impérial du 1er juillet 1861, et des Traités de commerce entre la Sublime Porte,

la France et l'Angleterre, avec la traduction française et anglaise. *Paris*, 1862. — In-8.

153. Dictionnaire français-turc, par Mallouf. 2e édition augmentée, avec la prononciation figurée. *Paris*, 1854. — In-12.

154. Dictionnaire turc-français, avec la prononciation figurée, par Mallouf. *Paris*, 1862-67. — 2 vol. in-12.

155. Guide de la conversation en cinq langues, italien, grec moderne, turc, français et anglais, par Mallouf. *Paris*, 1859. — In-8° oblong.

156. Géographie d'Aboulféda, traduite de l'arabe en français, par M. Reinaud, et accompagnée de notes et d'éclaircissements. *Paris*, *Imp. nat.*, 1848. — 2 vol. in-4° avec planches.

157. Le Diwân d'Amro'lkaïs, précédé de la vie de ce poète par l'auteur du *Kitab-el-Aghani* (texte arabe), accompagné d'une traduction et de notes, par Mac Guckin de Slane. *Paris*, 1837.— In-4°.

158. La vie et les aventures de Fariac, relation de ses voyages avec ses observations critiques sur les Arabes et sur les autres peuples, en arabe, par Faris el Chidiac. *Paris*, 1855. — Gr. in-8°.

159. Monuments arabes, persans et turcs du cabinet du duc de Blacas et d'autres cabinets; considérés et décrits d'après leurs rapports avec les croyances, les mœurs et l'histoire des nations musulmanes, par Reinaud. *Paris*, 1828.—2 vol. in-8°, planches.

160. Enis el-Djelis, ou Histoire de la belle Persane, conte des Mille et une Nuits, texte arabe avec traduction française et notes, par Kazimirski. *Paris*, 1846. — In-8°.

161. Grammaire française à l'usage des Arabes de l'Algérie, de Tunis, du Maroc, de l'Égypte et de la Syrie, par Dugat et Farès Eschchidiac. *Paris, Impr. imp.*, 1854. — In-8°.

162. Grammaire arabe vulgaire pour les dialectes d'Orient et de Barbarie, par Caussin de Perceval. Quatrième édition. *Paris*, 1858. In-8°, dem.-rel.

163. Le Diwân, de Nabiga Dhobyani, texte arabe, publié pour la première fois, suivi d'une traduction française, par H. Derenbourg. *Paris, Impr. imp.*, 1869. — In-8°.

164. Fevaydi Charquiyé, ou Abrégé de grammaire turque, arabe et persane, expliquée en turc, par Mallouf. *Smyrne*, 1854. — In-8°.

165. Dictionnaire français-arabe des dialectes vulgaires d'Alger, d'Égypte, de Tunis et du Maroc, par J. J. Marcel. Deuxième édition. *Paris*, 1869. — In-8° de 578 pages à 2 colonnes.

166. Selecta ex historia Halebi, auctore G.W. Freytag. *Paris*, 1819. — In-8°.

167. Moukhatibati Malloufiyè. Allocutions malloufiennes en turc et en arabe. *Constantinoples*, 1859. — In-8°.

Cet ouvrage que l'auteur, par allusion à son nom, a intitulé : *Moukha tibati Malloufiyé*, est un traité divisé en treize chapitres, une conclusion et un appendice nécessaire de quelques pièces, le tout à l'usage des musulmans et autres qui veulent apprendre le turc et l'arabe, et désirent se mettre en état de parler promptement ces deux langues.

168. Anthologie arabe, ou Choix de poésies arabes inédites, traduites pour la première fois en français, et accompagnées d'observations critiques et littéraires, par Grangeret de Lagrange. *Paris*, 1828. — In-8°.

169. Fables de Loqman, en arabe et en français, publiées par J. Derenbourg. *Berlin*, 1850. — In-12.

170. Guide de la conversation en trois langues, français, anglais, arabe (dialecte d'Égypte et de Syrie), l'arabe avec la prononciation figurée, par N. Mallouf. *Paris*, 1864. — In-18.

171. Dialogues arabes-français, avec la prononciation figurée, par M. Martin. *Paris*, 1847. — In-8°.

172. Guide de la conversation en turc, en arabe et en persan, par N. Mallouf. *Smyrne*, 1853. — In-8° obl.

173. Vulcain. Recherches sur ce dieu, sur son culte et sur les principaux monuments qui le représentent, par Émeric David, de l'Institut. *Paris, Impr. roy.*, 1838. — In-8°.

XII. SANSCRIT. — INDE.

174. Spécimen des Purânas ; texte, transcription,

traduction et commentaire des principaux passages du Brahmâvævarta purâna, par L. Leupol. *Paris*, 1868. — In-8°.

175. Théorie du Sloka, ou mètre héroïque sanscrit. par A. Chézy. *Paris*, 1827. — In-8° br.

176. Grammaire sanscrite-française, par Desgranges. *Paris, Imp. royale*, 1845-47. — 2 vol. in-4°.

177. Grammaire sanscrite, par J. Oppert. Deuxième édition, corrigée et augmentée. *Paris*, 1864. — In-8°, planches.

Tous les mots sanscrits sont suivis de la transcription.

178. Vrihadâranyakam, Katharam, Iça, Kena, Mundakam oder fünf Upanishads aus dem Yagur-Sama-und-Atharva Veda, von L. Poley. *Bonn*, 1844.—In-8°.

179. Essai sur les fables indiennes et sur leur introduction en Europe, par Loiseleur-Deslongchamps; suivi du Roman des sept Sages de Rome, en prose, publié pour la première fois, d'après un manuscrit de la bibliothèque royale, avec une analyse et des extraits du Dolopathos, par Le Roux de Lincy. Pour servir d'introduction aux fables des XIIe, XIIIe et XIVe siècles, publiées par Robert. *Paris*, 1838. — In-8°.

180. Dictionnaire classique sanscrit-français, par E. Burnouf et L. Leupol. *Paris*, 1865. — In-8° de 781 pages.

181. Choix de morceaux sanscrits, traduits, anno-

tés, analysés, par Leupol et Burnouf. *Paris*, 1867.— In-8°.

182. Selectæ è sanscriticis scriptoribus paginæ. Choix de morceaux sanscrits traduits, annotés et analysés, par E. Burnouf. *Paris*, 1867. — In-8°.

183. Méthode pour étudier la langue sanscrite, par E. Burnouf et Leupol. Ouvrage faisant suite aux méthodes grecques et latines de J. F. Burnouf. Seconde édition. *Paris*, 1861. — In-8°.

XIII. SIAMOIS.

184. Kham son Phra : sadsana Christang. Ti phim na *Bangkok*, 1848. — In-2, reliure du pays (*en siamois*). Rare.

185. Rao dong Juang Batista. (A la fin :) *Bangkok*, 1849. — Pièce in-4° de 8 pages (*en siamois*).

C'est le seul exemplaire connu en Europe.

186. Kham thaï tam ko ka. Recueil de documents sur la lexicographie thaï. Manuscrit siamois inédit. — Une liasse gr. in-8°.

Ce manuscrit provient de Mgr. Pallegoix, qui en avait fait réunir les éléments par les savants du pays pour la composition d'un dictionnaire siamois.

187. Kham-ëb. Dictionnaire siamois des mots avec préfixes. Manuscrit original inédit, d'une main indigène. — Gr. in-8°, dem.-parch. blanc.

C'est un ouvrage important pour la philologie indo-chinoise. Il provient de Mgr. Pallegoix, évêque de Mallos.

188. Dictionarium linguæ Thaï, sive Siamensis, interpretatione Latina, Gallica et Anglica illustra-

tum, auctore D. J. B. Pallegoix. *Parisiis, Typ. imp.*, 1854. — In-folio.

189. Voyage de Siam des Pères jésuites. *Paris*, 1686. — In-4°, cartes et gravures; veau antique.

190. Second voyage du P. Tachard au royaume de Siam. *Paris*, 1689. — In-4°, gravures ; veau antique. (*Aux armes de Mgr. de Cambon.*)

191. Journal of an Embassy to the courts of Siam and Cochinchina. By J. Crawfurd. *London*, 1830. — 2 vol. in-8°, planches, rel. angl.

192. Description du royaume Thaï ou Siam, par Mgr. Pallegoix. *Paris*, 1854. — 2 vol. in-12, planches et grande carte.

XIV. CHINOIS, MANDCHOU, COCHINCHINOIS, TIBÉTAIN.

Textes chinois.

193. *Yeou-hio-chi.* Vers pour l'enseignement de la jeunesse, l'un des ouvrages élémentaires des écoles chinoises. — In-12 cart.

194. *Tsiang-ting-kou-wen-ping-tchu.* Grande collection de morceaux en style antique des auteurs les plus célèbres, classés chronologiquement. — 10 vol. in-8° brochés à la chinoise.

195. Document chinois. *King-pao.* Moniteur officiel de Péking. || Grande inscription inédite, caractères blancs sur fond noir. Une liasse.

196. *Jih-young*. Livre de comptabilité chinoise. MANUSCRIT in-4° (*en chinois*).

Livres pour l'étude du chinois.

197. Lettre de Pékin, sur le Génie de la langue chinoise, par M. P., de la C. de J. *Bruxelles*, 1773. — In-4°, pl. grav.

198. Recherches sur l'origine et la formation de l'écriture chinoise, par Albel-Rémusat. *Paris, Imp. royale.* — In-4°.

199. Manuel pratique de la langue chinoise vulgaire, par Louis Rochet. *Paris*, 1846. — In-8°; dem.-reliure.

Nombreuses annotations de la main de M. de Labarthe. Cet ouvrage est depuis longtemps épuisé et très-recherché pour les commençants.

200. Exercices pratiques d'analyse, de syntaxe et de lexigraphie chinoise, par Stanislas Julien. *Paris*, Duprat, 1842. — In-8°.

201. Mémoires sur les principes généraux du chinois vulgaire, par A. Bazin. *Paris*, 1845. — In-8°.

202. Élémens de la grammaire chinoise, par Abel-Rémusat. Nouv. éd., augm. par Léon de Rosny. *Paris*, 1857. — Gr. in-8° avec 2 planches, frontisp. ; dem.-rel. fraîche.

203. Grammaire mandarine, ou Principes généraux de la langue chinoise parlée, par A. Bazin. *Paris, Impr. imp.*, 1856. — In-8°.

204. Guide des armées alliées en Chine, ou Dialogues français-anglais-chinois, par P. Dabry. *Paris*, 1859. — In-8°.

205. A guide to Conversation in the English and Chinese Languages, by St. Hernisz. *Boston*, 1854. — In-8° obl.

206. Dictionnaire chinois, français et latin, publié par De Guignes. *Paris, Impr. imp.*, 1813. — In-fol.

Notes de la main de M. de Labarthe.

Traductions du chinois.

207. Foè Kouè Ki, ou Relation des royaumes bouddhiques. Voyage dans la Tartarie, dans l'Afghanistan et dans l'Inde, exécuté à la fin du IVe siècle, par Chy Fa Hian, traduit du chinois et commenté par M. Abel-Rémusat. Ouvrage posthume revu, complété et augmenté d'éclaircissements nouveaux, par Klaproth et Landresse. *Paris, Impr. royale*, 1836. — In-4°, 5 cartes et fig., papier vergé.

208. Observations sur quelques points de la doctrine Samanéenne, et en particulier sur les noms de la triade suprême chez les différents peuples bouddhistes, par Abel-Rémusat. *Paris, Impr. royale*, 1831. — In-8°.

209. Voyages des pélerins bouddhistes; Mémoire sur les contrées occidentales; traduits du sanscrit en chinois, en l'an 648, par Hiouen-thsang, et

du chinois en français, par Stanislas Julien. *Paris, Impr. imp.*, 1858. — In-8°, 1 carte.

Ce volume contient les livres IX à XII, cinq index et un mémoire très-étendu sur la carte de l'Asie centrale et de l'Inde.

210. Mengtseu. Edit. et traduction de M. Stanislas Julien. — In-8°. Sept parties séparées (texte et trad.).

211. Histoire de la ville de Khotan, tirée des annales de la Chine et traduite du chinois; suivie de Recherches sur la substance minérale appelée par les Chinois pierre de Iu, et sur le jaspe des Anciens, par Abel-Rémusat. *Paris*, 1820. — In-8°.

212. Le Tcheou-li, ou rites des Tcheou. Traduit pour la première fois du chinois, par Ed. Biot. *Paris*, 1851, 2 vol. — In-8°, avec la table analytique, pl.

213. Tchou-chou-ki-nien. Tablettes chronologiques du livre écrit sur bambou, trad. par Ed. Biot. *Paris*, 1841. — In-8°.

214. Le Pi-pa-ki, ou l'Histoire du luth, drame chinois de Kao-tong-kia, représenté à Péking, en 1404, avec les changements de Mao-tseu. Trad. par A. Bazin. *Paris*, 1841. — In-8°.

Ce drame célèbre, composé vers la fin du XIVe siècle, est regardé comme le chef-d'œuvre du théâtre chinois.

215. Théâtre chinois, ou Choix de pièces de théâtre composées sous les empereurs Mongols; traduites

pour la première fois et accompagnées de notes, par A. Bazin. *Paris*, 1838. — In-8°.

Histoire, sciences, littérature des Chinois.

216. Sinico-Ægyptiaca. Essai sur l'origine et la formation similaire des écritures figuratives chinoise et égyptienne, par G. Pauthier. *Paris*, 1842. — In-8°.

217. Histoire de la dynastie des Ming, composée par l'empereur Khian-long, traduite du chinois, par l'abbé Delamarre. *Paris*, 1865. — In-4°.

218. De l'industrie des Chinois, au point de vue du commerce européen, par Charles de Labarthe. *Paris*, 1870. — In-8° (70 exemplaires).

219. Mémoires sur divers minéraux chinois appartenant à la collection du jardin du Roi, par Ed. Biot. *Paris*, 1839. — In-8°.

220. Mémoires sur les livres chinois de la bibliothèque du Roi, et sur le plan du nouveau catalogue dont la composition a été ordonnée par le ministre de l'intérieur; avec des remarques critiques sur le catalogue publié par Fourmont, en 1742, par Abel-Rémusat. *Paris*, 1818. — In-8°.

221. Essai sur l'histoire de l'instruction publique en Chine et de la corporation des lettrés, depuis les anciens temps jusqu'à nos jours, par Ed. Biot. — *Paris*, 1847. — In-8°.

222. Dictionnaire des noms anciens et modernes des villes et arrondissements de 1er, 2e et

3e ordre, compris dans l'Empire chinois, par Ed. Biot. *Paris*, 1842. — In-8°, avec carte de la Chine dressée par Klaproth.

223. Catalogue général des étoiles filantes et autres météores observés en Chine pendant 24 siècles, depuis le VIIe siècle avant J. C. jusqu'au milieu du XVIIe de notre ère, par Ed. Biot. *Paris*, 1846. — In-4°, avec note supplémentaire, pl.

224. Considérations sur les anciens temps de l'histoire chinoise, par Ed. Biot. *Paris*, 1846. — In-8°.

225. Examen de diverses séries de faits relatifs au climat de la Chine, par Ed. Biot. *Paris*, 1849. — In-8°.

226. Négociations entre la France et la Chine en 1860. Livre jaune du baron Gros, ambassadeur extraordinaire. *Paris*, Dumaine, 1864. — In-4°.

227. Alphabet mandchou, par L. Langlès. *Paris*, *Impr. imp.*, 1807. — In-8°.

228. Tableau de la Cochinchine, rédigé sous les auspices de la Société d'Ethnographie, par E. Cortambert et Léon de Rosny. Précédé d'une Introduction, par le baron de Bourgoing. *Paris*, A. Le Chevalier, 1862. — In-8°, carte, plans et gravures.

229. Grammaire de la langue tibétaine, par Ph.-Ed. Foucaux. *Paris*, *Impr. imp.*, 1859. — In-8°.

230. Breve notizia del regno del Tibet, da Fr. Orazio (1730). Publié sur le manusc. original de

l'auteur, par Klaproth. *Paris,* 1835. — In-8°.

231. Mémoires sur les relations politiques des princes chrétiens, et particulièrement des rois de France, avec les empereurs Mongols, suivis du recueil des lettres et pièces diplomatiques des princes Tartares, et accompagnés de planches qui contiennent la copie figurée de deux lettres adressées par les rois mongols de Perse à Philippe-le-Bel. *Paris, Impr. royale,* 1822-24. — Deux mémoires en un vol. in-4°, 7 pl. (Le premier mémoire est très-rare.)

XV. JAPONAIS.

Textes japonais originaux.

232. *Yédo-daï-sets-yô-haï-daï-no-koura.* Le Grenier universel de toutes les choses utiles, publié à Yédo. Grande Encyclopédie japonaise, corrigée et revue par Taka-ï-ran-zan, célèbre historien contemporain. *Yédo,* 1863. — Deux gros vol. in-4°.

C'est la plus récente et la plus répandue des encyclopédies que l'on possède au Japon. Outre des notices sur tous les sujets intéressants, une quantité considérable de figures en noir et en couleur, une impression très-nette, elle renferme un riche dictionnaire japonais-chinois.

233. *Go-kyo-syou-myô.* Traité du jeu de dames japonais, par Kankadô. *Ohosaka,* 1812. — 4 vol. in-4°.

C'est un des jeux les plus intéressants des Japonais, qui le nomment *go.*

234. *Go-kyô-seï-myô*. Traité du jeu de dames japonais, par O Honninbô. *Ohosaka*, 1835. — 4 vol. in-4°.

235. *Zan-po Wa-kan-nen-keï*. Chronologie synoptique japonaise et chinoise. *Ohosaka*. — In-4°.

Belle impression.
Ouvrage très-utile pour les japonistes.

236. *Ni-hon-seï-ki*. Histoire du gouvernement japonais, par Raï-san-yô, savant célèbre de Kyôto. *Ohosaka*, 1861. — 16 vol. in-4°.

C'est un des ouvrages historiques les plus estimés des Japonais et l'un de ceux qu'il serait le plus désirable de traduire en ce moment. Notre édition est de la plus grande netteté.

237. *Nippon-go-ki*. Histoire du moyen-âge japonais, par Foudziwarano Ason Fouyoutsougou, etc., publiée par ordre impérial. *Yédo*, s. d. — 24 vol. in-4°.

Cet ouvrage rare est un des meilleurs livres historiques des Japonais. L'impression de notre exemplaire est magnifique.

238. *Zokû-kô-tsyô-si-ryakou*. Supplément au Résumé des historiens japonais, par Awo-yama. *Kyôto*, 1831. — 5 volumes in-4°.

Importante publication historique.

239. *Kô-tsyô-sen-ryakou-hen*. Traité sommaire des guerres de l'empire du Japon, par Miya-ta Enryô. *Owari*, 1855. — 14 vol. in-8°.

Belle impression.

240. *Yédo-meï-syo-dzou-yé.* Description illustrée des lieux célèbres de la ville de Yédo, par Syôtôken Nagaaki. *Yédo*, 1832. — 20 vol. in-4°. Nombreuses figures.

Le plus important des ouvrages composant la grande Collection encyclopédique et descriptive sur le Japon.

241. *Yamato-meï-syo-dzou-yé.* Description illustrée des endroits célèbres de la province de Yamato, par Aïran. *Ohosaka*, 1791. — 7 vol. in-4°, figures nombreuses et des plus intéressantes.

242. *To-kaï-dô-meï-syo-dzou-yé.* Description illustrée des endroits célèbres qui se rencontrent sur la grande route qui conduit de Myako à Yédo, par Syakouïn Sitsou. *Ohosaka*, s. d. — 6 vol. in-4°, nombreuses figures.

243. *Ki-so-dzi-meï-syo-dzou-yé.* Description illustrée des endroits célèbres de la route de Kisodzi, parallèle à la célèbre route de Tokaïdô qui traverse le Japon, de Myako à Yédo. — 10 vol. in-4°, très-nombreux dessins intercalés dans le texte.

244. *Setsou-meï-syo-dzou-yé.* Description illustrée des endroits célèbres de la province de Setsou, par Syakouin Sitsou. *Ohosaka*, 1784. — 10 vol. in-4°, avec très-nombreuses figures.

245. *Kokou-goun-zen-dzou.* Atlas complet de tous les départements de l'empire japonais, par Tô-keï-ô. *Owari*, 1828. — 2 gros vol. in-4°.

Nombreuses cartes imprimées en couleur avec luxe. C'est le meilleur atlas que l'on possède de l'Empire japonais.

246. *Yédo-dzou-yé*. Grande carte topographique et administrative de Yédo, divisée par quartiers. 30 feuilles pliées et cartonnéée à la japonaise.

247. *Kam-ban Zis-sokû Nippon-tsi-dzou*. Collection des cartes officielles de l'empire japonais. — 4 très-grandes cartes montées sur soie, dans une boîte.

Ce sont les meilleures cartes que possèdent les Japonais sur leur pays. Il est difficile de se les procurer, même au Japon, où le gouvernement fait ses efforts pour en empêcher l'exportation. — Notes manuscrites de M. de Labarthe.

248. *Ei-zi-kokou-zi-kaï*. Traité de botanique avec des notices variées, chinoises et japonaises, par Kiriya Tsyôsiou. S. l. n. d. — In-4°.

249. *En-tsoui-rô-sô-ka-dzou-yé*. Méthode pour composer les bouquets d'une manière élégante (art très-cultivé au Japon). *Yédo*, 1808. — 5 vol. in-4°.

250. *Sou-biki-sets-yô-siou*. Dictionnaire usuel japonais-chinois, suivant l'ordre et le nombre des syllabes. 3e édition. — In-12 oblong.

Les recherches dans ce Dictionnaire sont plus promptes et plus faciles que dans les vocabulaires rangés par ordre de matière.

251. *Oran-zi-i*. Dictionnaire hollandais-japonais. — *Yédo*, 1855. — 13 vol. in-4°.

C'est un vaste et important lexique, dont il n'existe, à notre connaissance, aucun exemplaire dans les grandes bibliothèques publiques de l'Europe.

252. A Pocket Dictionary of the English and Ja-

panese Language. Second and revised edition at *Yedo,* 1866. — In-8°, impr. sur papier japonais; reliure japonaise en soie noire, tranche dorée.

Très-curieuse impression.

Ouvrages pour l'étude du japonais, etc.

253. Manuel de la lecture japonaise, avec une série d'exercices gradués présentant toutes les particularités de l'écriture japonaise, par Léon de Rosny. *Paris*, 1859, in-18.

254. Éléments de la Grammaire japonaise, par le P. Rodriguez. Trad. du portugais par Landresse. *Paris*, 1825. — In-8°, avec le Supplément de Humboldt; veau marbré.

255. Introduction à l'étude de la langue japonaise, par Léon de Rosny. *Paris*, 1856. — In-4°, planches; dem.-maroq. vert.

256. A Japanese and English Dictionary : with an English and Japanese Index. By J. C. Hepburn. *Shanghae* et *Yokohama*, 1867. — Gr. in-8°.; rel. angl.

C'est le meilleur dictionnaire japonais que l'on possède jusqu'à présent. — Notes manuscrites de M. de Labarthe.

257. Dictionnaire japonais-français-anglais, par Léon de Rosny. *Paris*, 1857. — In-4°.

Livraison 1, seule publiée (RARE).

258. Dictionnaire des signes idéographiques de la Chine, avec leur prononciation usitée au Japon, accompagné de la liste des signes idéographiques particuliers aux Japonais, d'une table des carac-

tères cycliques et numériques, d'un index géographique et historique, d'un glossaire japonais-chinois des noms propres des personnes, par Léon de Rosny. *Paris*, 1867.— In-8°, dem.-rel.

259. Même ouvrage. Parties 1 et 2. — In-8°.

260. Guide de la conversation japonaise, précédé d'une introduction sur la prononciation en usage à Yédo. 2e édition, augmentée du texte original en écriture vulgaire, par Léon de Rosny. *Paris*, 1867. — In-8°.

261. Le même ouvrage. Traduction italienne, par le professeur Severini. *Florence*, 1866. — In-8°.

262. Familiar Dialogues in Japanese, with English and French translations, by R. Alcock. *Paris*, 1863. — In-8°.

263. Recueil de textes japonais, publié par Léon de Rosny. *Paris*, 1863. — In-8°, papier fauve.

264. Thèmes faciles et gradués pour l'étude de la langue japonaise, accompagnés d'un vocabulaire français-japonais de tous les mots renfermés dans le recueil, par Léon de Rosny. *Paris*, 1869. — In-8°, avec planches.

265. Anthologie japonaise. Poésies anciennes et modernes publiées à l'usage des élèves, etc., par Léon de Rosny. Texte japonais, avec un vocabulaire. *Paris*, 1871. — In-8°, lithogr.

266. Yô-san-sin-sets. Traité de l'éducation des vers à soie au Japon, par Sirakawa de Sendaï (Osyou). Traduit pour la première fois du japo-

nais, par Léon de Rosny. *Paris, Impr. impér.*, 1868. — In-8°, planches en couleur, cartes.

Exemplaire de l'édition de luxe publiée par le gouvernement. Ce livre, aujourd'hui épuisé, a été mis en vente au prix de 35 fr.

267. Le même ouvrage. 2e édition. *Nancy*, 1869. — In-8°, planches, front. en couleur.

XVI. LANGUES DIVERSES.

268. Histoire d'Arménie, de Arisdaguès de Lasdiverd, traduite par Prud'homme. *Paris*, 1864. — In-8°.

269. Grammatica damulica, concinnata a Barth. Ziegenbalg. *Halæ-Saxonum*, 1716. — In-4°, veau ant.

270. Aperçu de la langue Nouka-hiva, par Charles de Labarthe. *Paris*, 1854. — In-8° (20 exemplaires).

271. Éléments de la langue hottentote, dialecte Nama, par H. de Charencey. *Paris*, 1864. — In-8°.

272. Guide de la conversation en trois langues : français, espagnol et mexicain, contenant un petit abrégé de la grammaire mexicaine, un vocabulaire des mots les plus usuels et des dialogues familiers, par Pedro de Arenas, revu et traduit en français par Ch. Romey. *Paris*, 1862. — In-12, br.

273. Kamilaroi, Dippil, and Turrubul : Languages spoken by Australian Aborigenes. By Rev. Wm.

Ridley. *New-South-Wales* (*Sydney*), Th. Richards, Governement printers, 1866. — In-4°, rel. anglaise.

Très-curieuse production chromo-typographique de l'Australie. Nombreuses vignettes imprimées en or et en couleur dans le texte, encadrement en couleurs, lettres ornées, etc.

SUPPLÉMENT.

XVII. OUVRAGES ORIENTAUX.

274. Carmen mysticum Borda dictum. Ed. Joh. Uri. *Lugd.-Bat.*, 1761. — In-8°, cart.

275. *Roudh-el-Kartas.* Histoire des souverains de Maghreb, trad. de l'arabe, par Beaumier. *Paris, Imp. imp.*, 1860. — In-8°.

276. Esquisse de l'état d'Alger, par William Shaler. Trad. par Bianchi. *Paris*, 1830. — In-8°, plan.

277. Morgenlaendisches Kleeblatt, von J. von Hammer. *Wien*, 1819, pl. grav.

278. Histoire des massacres de Syrie, par Fr. Lenormant. *Paris,* 1861. In-8°.

279. Les derniers événements de Syrie, par Fr. Lenormant. *Paris*, 1860. — In-8°.

280. *Mantic-Uttaïr*, ou le Langage des oiseaux. Trad. du persan, par Garcin de Tassy. *Paris, Impr. imp.*, 1863. — In-8°.

281. Chrestomathie persane, publiée sous les auspices du ministre de l'Instruction publique, t. I (seul publié). *Paris*, 1847. — In-8°.

282. La poësie philosophique et religieuse chez les Persans, par Garcin de Tassy. 4ᵉ éd. *Paris*, 1864. — In-8.

283. *Kitâbi kulsnem naûh*, ou le Livre des dames de la Perse. Trad. par Thonnelier. *Paris*, 1845. — In-12.

284. Guide de la conversation en français et en turc, par Bianchi. 2e éd. *Paris*, 1852. — In-8° obl.

285. Mémoires sur l'archéologie et sur la littérature orientale, par Holmboë. *Christiania*. — Un lot.

Ces brochures sont pour la plupart fort rares.

286. Schœbel. Démonstration de l'authenticité mosaïque du Lévitique et des Nombres. *Paris*, 1869.— In-8°.

287. Le mont Hor, le tombeau d'Aaron, par le comte de Berton. *Paris*, 1860.—In-8°, carte, planches.

288. Mémoires sur l'archéologie sémitique, par l'abbé Bargès.— Un lot.

289. Brochures sur l'archéologie, par Fr. Lenormant, etc. — Un lot.

290. Recherches archéologiques à Eleusis, par Fr. Lenormant. *Paris*, 1862. — In-8°.

291. Catalogo illustrato dei monumento Egizii di Torino, dal prof. Orcurti. *Torino*, 1852.—In-8°, planches.

292. La Cange. Voyage en Égypte, par Louis Pascal. *Paris*, 1861.—In-12.

293. Zeitschrift für Ægyptische-Sprache und Alterthumskunde, von H. Brugsch, 1864. — Petit in-folio.

294. Essai de déchiffrement de l'écriture assyrienne, par Isid. Lowenstern. *Paris*, 1845.—In-8°.

295. Inscriptions assyriennes des briques de Babylone, par Ménant. *Paris*, 1859. — Gr. in-8°.

296. Les Écritures cunéiformes, par J. Ménant. *Paris*, 1860. — In-8°.

297. Les noms propres assyriens, par Joachim Ménant. *Paris*, 1861. — Gr. in-8°.

298. Études assyriennes. Textes de Babylone et de Ninive, déchiffrés et interprétés, par Jules Oppert. *Paris, Impr. imp.*, 1867. — In-8°.

299. Mémoire sur le Collège des Trois-Langues, à Louvain, par Félix Nève. *Bruxelles*, 1856.— In-4°.

Ouvrage important pour la philologie orientale.

300. Revue de l'Orient, de l'Algérie et des Colonies. — In-8°.

Un lot de volumes brochés et en livraisons.

301. Le Mahabharata. 11 épisodes, trad. par Foucaux. *Paris*, 1862. — In-8°.

302. Sanskrit-Chrestomathie, von Otto Boehtlingk. *Saint-Pétersbourg*, 1845. — In-4°; dem.-rel.

303. Chrestomathie Hindie et Hindouie.—Chrestom. Hindoustanie. — En un vol. in-8°, dem.-maroquin vert.

304. Mémoires relatifs à l'Inde, au Sanscrit et à l'Hindoustani, par Garcin de Tassy, Foucaux, etc.

Un lot.

305. Poësies de l'époque des Thang, traduites du

chinois par le marquis d'Hervey-Saint-Denys. *Paris*, 1862.— In-8°.

306. L'Ambassade de Siam au XVIIe siècle, par Ét. Gallois. *Paris*, 1862. — In-12.

307. *Meo luât day hoc tiêng pha-lang-sa*. (Grammaire française cochinchinoise). *Saïgon*, 1867.— In-8°.

XVIII. AMÉRIQUE. — ARCHÉOLOGIE AMÉRICAINE.

308. Quatre lettres sur le Mexique, par Brasseur de Bourbourg. *Paris*, 1868. — Gr. in-8°.

309. Réformes dans les îles de Cuba et de Porto-Rico, par Porfirio Valente. *Paris*, 1869.— In-8°.

310. S'il existe des sources de l'histoire primitive du Mexique dans les monuments égyptiens, par Brasseur de Bourbourg. *Paris*, 1864.— In-8°.

311. Découverte des Scandinaves en Amérique du IX au Xe siècle. Fragments de sagas islandaises, trad. par E. Beauvois. *Paris*, 1859. — In-8°.

312. Souvenirs d'un prisonnier de guerre au Mexique, par Ernest Vigneaux. *Paris*, 1863.— In-12.

313. Relation des choses de Yucatan de Diego de Landa. Texte espagnol et traduction française en regard comprenant les signes du calendrier et de l'alphabet hiéroglyphique de la langue Maya, accompagné de documents divers, historiques et chronologiques, avec une Grammaire

et un Vocabulaire abrégés français-maya, par Brasseur de Bourbourg. *Paris*, 1864. — Gr. in-8°.

314. Lettre de Christophe Colomb sur la découverte du Nouveau-Monde, trad. en français, commentée et enrichie de notes puisées aux sources originales, par Lucien de Rosny. *Paris*, J. Gay, 1865. — In-8°, papier vélin.

Exemplaire portant le n° 95.

XIX. — OUVRAGES DIVERS.

315. Langue musicale universelle inventée par François Sudre. *Paris*, 1866. — In-8° obl.

316. Essai sur l'emploi du tems, par Jullien de Paris. *Paris*, 1829. — In-8°, fig., dem.-rel.

317. Nic. Bvrgvndi, De evictionibvs. *Ingolstadii*, 1636. — In-12; rel. anc. fat.

318. Ivlii Pacii Analysis Institutionum imperialium. *Lvgdvni*, Candy, 1643. — In-12; rel. fat.

319. Joannis Garsiæ, De Expensis et meliorationibus commentarius. *Amstelœdami*, 1651.—In-12; rel. fat.

320. Les Maximes du palais, tirées des arrests de M. Lovet. *Paris*, 1657. — In-12, rel. anc.

321. Novvelle pratiqve ivdiciaire, par Charency. *Grenoble*, 1658. — In-12; rel. anc.

322. Ordonnance de Louis XIV, roy de France et de Navarre, donnée au mois d'avril 1667. *Paris*, 1667. — In-16; rel. anc.

323. Traité des Minoritez, par M***. *Paris*, Cochart, 1714. — In-12; rel. anc.

324. La mort des justes, ou la manière de bien mourir, par Jean La Placete. *Amsterdam*, 1719. — In-12; rel. anc.

325. La raison triomphante des nouveautés, ou Essai sur les mœurs et l'incrédulité, par l'abbé P***. *Paris*, 1756. — In-12; bradel.

326. L'année scientifique et industrielle, par Figuier. 1re année. *Paris*, 1857.—In-12; dem.-rel.

327. Atlas de plans et cartes pour servir à l'intelligence de la campagne des années 1808-1809. — Un vol. in-folio; dem.-veau fauve, coins.

328. Les saisons. Études de la nature, par Ferd. Hoefer. *Paris*, 1867. — In-12, figures.

329. Phrénologie spiritualiste, par Castle. *Paris*, 1862. — In-12.

330. Les rêves et les moyens de les diriger (par le marquis d'Hervey-Saint-Denys). *Paris*, 1867. — In-8, planch. en couleur.

331. La réforme et les guerres de religion en Dauphiné, par Long. *Paris*, 1856.— In-8°.

332. Peuples et voyageurs contemporains, par Richard Cortambert. *Paris*, 1864.— In-12.

333. Chronica regvm Manniæ et Insvlarvm. By Munch. *Christiania*, 1860.— In-8°, pl. d'inscriptions.

334. Morale, religion et politique, par La Tour du Pin-Chambly. *Paris*, 1862. — In-8°.

335. Gheel, ou une colonie d'aliénés, par Jules Duval. *Paris*, 1860. — In-12.

336. House of Representative. Agriculture. *Washington*, 1857. — In-8°, nombreuses gravures noires et en couleurs; rel. angl.

337. Un homme sérieux, par Charles de Bernard. *Paris*, 1867. — In-12; dem.-mar. viol.

338. De Imitatione Christi libri IV. *Lugduni*, 1841. — In-64; mar. orange, fil.

339. Dictionnaire français-anglais et anglais-français, par Tibbins. Edition diamant. *Paris*, 1846. — In-64; rel. angl.

340. Le chasseur au chien d'arrêt, par Elzéar Blaze. *Paris*, 1862.— In-12; dem.-mar. violet.

341. Manuel du voyageur, par Cignani (Dial. anglais-français-italiens). (*London*), 1816. — In-12 obl.

342. Alphonse Karr. Les guèpes. *Paris*, 1845. — 2 vol. in-12; dem.-mar. vert.

343. Rome devant l'Europe, par Paul Sauzet. *Paris*, 1860. — In-12; dem.-rel.

344. Jeanne d'Arc, par Wallon, de l'Institut. *Paris*, 1867. — In-12 ; dem.-rel.

345. Art d'arriver au vrai. Philosophie pratique, par Jacques Balmès, trad. de l'espagnol. *Paris*, 1855. — In-12 ; dem.-mar. vert.

346. Théâtre et souvenirs, par E. Bouzique. *Paris*, 1857. — In-12 ; dem.-rel.

347. L'agonie de Luiz de Camoëns, par Amédée

Tissot. *Paris*, 1867. — In-8°; dem.-mar. bleu.

348. Le Moniteur universel. Collection complète depuis le 1er juillet 1830 jusqu'au 31 décembre 1845. — 46 vol. in-folio, dem.-rel.

Cette collection contient les ordonnances de 1830 et tous les faits relatifs à la Révolution qui les suivit.

349. Comte d'Angeberg. Le congrès de Vienne et les traités de 1815. *Paris*, 1864. — 4 vol. in-8°.

350. Recueil des traités de la Porte Ottomane, par le baron de Testa. *Paris*, 1864. — In-8°.

351. Recueil des traités de la France, par M. Clercq. *Paris*, 1864. — 2 vol. in-8°.

352. Autriche et Italie. Recueil de traités, par le comte d'Angeberg. *Paris*, 1859. — In-8°.

353. Archives diplomatiques. Recueil de diplomatie et d'histoire. *Paris*, 1861-66.— 12 vol. in-8°.

354. Bulletin de la Société des sciences du Var, 1859. || Société académique de Saint-Quentin, 1864-66. — 2 vol. in-8°.

355. Annuaire de l'Institut des provinces, 1865.— 1 vol. in-8°.

356. Mémoires lus à la Sorbonne. Histoire et philologie. *Paris*, *Impr. imp.*, 1869. — In-8°.

357. Manuel d'archéologie religieuse, civile et militaire, par J. O. *Fontainebleau*, 1841. — In-8°; bradel.

358. La guerre et l'humanité au XIXe siècle, par Léonce de Cazenove. *Paris*, s. d. — Gr. in-8°.

359. Die orientalischen Handschriften d. Bibliothek

zu Gotha. Turkischen Handschriften. *Wien*, 1864. — In-8°.

XX. OUVRAGES DE M. DE LABARTHE (1). — RECUEILS.

360. Œuvres de Charles de Labarthe. *Paris*, 1854-1871. — Deux vol. in-8°; dem.-mar. bleu janséniste. (Rel. de *Camille*.)

Tome I. — Mémoires sur l'Ethnographie et sur l'Orient : De l'écriture et des alphabets des différents peuples. *Paris*, 1855. || Précis de la langue Nouka-hiva. *P.*, 1855. || Études sur la constitution du Nouveau-Monde et sur les origines américaines. *P.*, 1860. || Documents inédits sur l'empire des Incas, *P.*, 1861. || Les Sacrifices humains au Mexique. *P.*, 1862, *planche coloriée.* || Aperçu de la science ethnographique. 1re édit., *P.*, 1862. || Rapport sur le progrès des études orientales., *P.*, 1863. || De l'état social et politique du Mexique avant l'arrivée des Espagnols. *P.*, 1865. || Aperçu général de la science ethnographique. 2e éd. augm. *P.*, 1866. || Notice sur l'écriture siamoise (autogr. de l'auteur). *P.*, 1868. || De l'Industrie des Chinois, au point de vue du commerce européen. *P.*, 1870. || Projet de questionnaire concernant les caractères ethniques du système reproducteur chez les diverses races. *P.*, 1871. || Chroniques scientifiques.

Tome II. — Fragments scientifiques et extraits de journaux : Aux électeurs du 12e arrondissement. *P.*, 1848. || Unité, liberté, solidarité. || Comité de la langue universelle. || Colonies françaises de l'Asie orientale. *P.*, 1857. || Le Réveil de l'Orient. *P.*, 1859. || Revue commerciale. *P.*, 1859. || Le Code civil et criminel du royaume Tunisien. || La Pisciculture

(1) Voy. également divers manuscrits et ouvrages de M. Charles de Labarthe catalogués sous les nos 3, 4, 23, 27, 28, 29, 51, 54, 55, 125, 126 et 270.

en Chine. || L'Amour. *P.*, **1859.** || Le Percement de l'isthme de Suez. *P.*, **1859.** || De la colonisation de Madagascar. *P.*, **1859.** || Observations sur le royaume de Siam. *P.*, **1860.** || Le fleuve Amoûr et les territoires annexés à l'Empire russe. *P.*, **1861.** || Synchronismes. Faits et documents qui intéressent l'ethnographie. *P.* **1862.** || La R.·. L.·. de Bamo. *P.*, **1862.** || Commerce de la Réunion. *P.*, **1862.** || De la propriété et de l'esclavage au Mexique. *P.*, **1862.** || Poésies de l'époque des Thang. *P.*, *Impr. impér.* **1865.** || Esquisse d'un tableau préparatoire génésiaque, pour l'établissement d'un programme scientifique de l'Ethnographie. *P.*, **1865.**

361. Charles de Labarthe. Mémoires et notices. — In-8°; dem.-bas. violette.

362. Charles de Labarthe. Varia ethnographica. — 1 vol. in-8°; dem.-bas. bleue.

363. Charles de Labarthe. Orientalia (recueil).— 1 vol. in-8°; dem.-bas. noire.

364. Mémoires sur l'Ethnographie.— 1 vol. in-8°; dem.-bas. roug.

Ethnographie des prisons, par Marquet de Vasselot. *P.*, **1854.** || Méthode polonaise : application à la chronologie et à l'histoire, par Jazwinski. *P.*, **1834**; figures. || Étude d'archéologie américaine comparée, par Lucien de Rosny. *P.*, **1864.** || Les tribus arabes de l'Irac-Arabi, par Texier. || Etc., etc.

365. Archéologie. Recueil. — 1 vol. in-8°; dem.-bas. verte.

Recherches de Letronne sur les représentations zodiacales, par Carteron. *P.*, **1843.** || The Iguvine Inscriptions, with Latin transl., by Fr. Newman. *London*, **1864.** || Les Ruines de Mila, Sufevar, etc., par Cherbonneau; cartes, planches. || Documents inédits sur l'Empire des Incas, par Ch. de Labarthe. *P.*, **1861.** || Lettres sur le déchiffrement de l'écriture Maya, par Brasseur de Bourbourg. *P.*, **1869**; planches. || Etc., etc.

366. Mélanges d'Ethnographie. — 1 vol. in-8°; dem.-bas. rouge. (Notes de M. de Labarthe.)

De l'état politique et social du Mexique avant l'arrivée des Espagnols, par Charles de Labarthe. *P.*, **1865.** || Mémoire sur le magnétisme animal. *P.*, **1818.** || Des affinités du japonais avec certaines langues du continent asiatique, par Léon de Rosny. || Observations sur le Gouzerati et le Maharatti, par Th. Pavie. || Vocabulaire chinois-coréen-aïno, par Léon de Rosny. *P.*, **1861**; pl. || Les Inscriptions commerciales en caractères cunéiformes, par Oppert. *P.*, **1866.** || Le Tibet, le bouddhisme et la langue tibétaine, par Feer. || Etc., etc.

367. Documents sur l'Amérique. — 1 vol. in-8°, dem.-bas. bleue.

Le Mexique, par Léon Droux. *P.*, **1864.** || Canada, by Sheridan Hogan. *Montréal*, **1855.** || Le Procès de Marie-Galante, par Schœlcher. *P.*, **1851.** || Argyropolis, par Domingo Sarmiento. *P.*, **1851**; carte coloriée. || Etc.

368. Pièces sur les sciences. — 1 vol. gr. in-8°; dem.-bas. bleue. (Notes de M. de Labarthe.)

La Théorie et l'interprétation des quantités dites imaginaires. *P.*, **1845.** || Sur la fortification de Paris, par le général Pelet. *P.*, **1841**; planches. || Des Causes de la mortalité des enfants, par le Dr Caron. *P.*, **1865.** || Etc.

369. Mélanges arabes.— 1 vol. gr. in-8°; dem.-bas. gren.

De l'art militaire chez les Arabes, par Reinaud. *P.*, **1848.** || Sur quelques noms arabes, par Renan. || Sur la chronique d'Abou'lféda, par Defrémery. || Dr Favrot. La Nomenclature médicale des Arabes. *P.*, **1868.** || Sur quelques manuscrits syriaques du Musée britannique, par Renan. || De la culture du coton en Algérie, par Clergeaud. *P.*, **1862.** || Etc., etc.

370. Recueil de pièces sur la jurisprudence.— 1 vol. in-8°; rel. anc.

Notes manuscrites.

371. Mémoires sur l'Orient et sur l'Ethnographie, par Léon de Rosny. — Recueil in-8°; dem.-bas. bleue.

372. Mémoires sur le Japon. — Recueil in-8°; dem.-bas. brune.

373. Orientalia. Pièces sur la littérature orientale, par MM. Oppert, Des Michels, Schœbel, Texier, etc. — Recueil in-8°; dem.-parch. vert.

374. Sinico-Japonica. — Recueil de pièces. In-8°; dem.-bas. violette.

---

375. Collection ethnographique photographiée, sous les auspices de la Société d'Ethnographie. Trois séries. — In-4°.

Cette magnifique publication comprend une série de types des différentes races humaines photographiées absolument nues, et sous trois poses différentes. — La 4e série, en cours de publication, est la seule qui manque.

376. Terrien-Poncel. Recueil sur la linguistique et l'érudition. — Un vol. gr. in-8°; dem.-bas. rouge. (Notes de l'auteur.)

377. Histoire générale des voyages. *Paris*, Didot, 1748.— In-4°; veau ant.

Tome VI, renfermant la description de la Chine et celle de la Corée, avec nombreuses planches et cartes gravées.

378. Table des matières contenues dans l'Histoire et dans les Mémoires de l'Académie des Inscriptions et Belles-Lettres. *Paris, Imp. roy.*, 1843. — Un vol. in-4°; dem.-bas. grenat.

PUBLICATIONS PÉRIODIQUES

DE LA SOCIÉTÉ D'ETHNOGRAPHIE.

MODE DE PUBLICATION :

Les Actes de la Société d'Ethnographie paraissent par livraisons in-8°, publiées, autant que possible, après chaque séance de la Société, de façon à former des volumes in-8° de 400 pages au moins, avec portraits, cartes et planches, s'il y a lieu. — Les personnes étrangères à la Société peuvent s'y abonner au prix de 12 fr. 50 par volume.

Les Mémoires de la Société d'Ethnographie paraissent par fascicules in-8°, d'au moins huit feuilles d'impression avec planches, de manière à former de beaux volumes accompagnés d'une table analytique. — Le prix de la souscription aux quatre fascicules est fixé à 12 fr. 50 pour Paris et les départements.

L'Atlas de la Société d'Ethnographie paraît par livraisons in-folio, composées de 4 à 6 planches ou cartes, en noir et en couleur. Le prix de la livraison est fixé à 7 fr. 50.

Les Mémoires couronnés par la Société d'Ethnographie paraissent à des époques indéterminées, par livraisons renfermant, chacune, un mémoire complet. Ces livraisons sont imprimées sur fort papier satiné et accompagnées, s'il y a lieu, de planches et de cartes, de manière à former une série de volumes in-8° d'au moins 400 pages chacun. — On peut s'y abonner au prix de 12 fr. 50.

PRIX MIS AU CONCOURS.

Le programme des prix mis, chaque année, au concours par la Société se distribue gratuitement au secrétariat.

Expositions et Conférences.

La Société d'Ethnographie ouvre périodiquement des expositions de photographies, dessins et objets recueillis par ses membres ou qui lui sont communiqués par des voyageurs.

Des conférences, auxquelles peuvent participer les membres de la Société, sont également ouvertes, chaque année, par la Société.

MM. les Membres sont admis, sur la présentation de leur carte personnelle, aux expositions et conférences. Des billets d'entrée sont, en outre, mis à leur disposition, sur demande adressée au président.

Sessions à l'étranger, Voyages et Missions.

La Société tient, chaque année, une session en province ou à l'étranger pour l'étude de l'ethnographie locale. Les membres qui désirent participer, en ces circonstances, aux travaux de la Société doivent en informer le bureau au plus tard le 1er lundi d'août. Le choix du lieu d'exploration est déterminé par la majorité des avis adressés au Conseil avant le 1er lundi de juillet, avis qui doivent être signés par les membres qui veulent prendre part au voyage. — La Société donne, en outre, des missions scientifiques à l'étranger et fournit des Instructions aux voyageurs qui lui en font la demande.

PUBLICATIONS DE L'ATHÉNÉE ORIENTAL

En vente, au Bureau de la Société (ouvert les mardis, de 2 à 6 heures), 15, rue Lacépède

ET CHEZ MAISONNEUVE ET Cie

LIBRAIRES DE LA SOCIÉTÉ, 15, QUAI VOLTAIRE.

BULLETIN DE L'ATHÉNÉE ORIENTAL. 1re série. 1868-70. Deux volumes in-8°, avec planches; reliés en demi-maroquin. 25 fr. »

— 2e série (en cours de publication); chaque vol. 12 fr. 50

MÉMOIRES DE L'ATHÉNÉE ORIENTAL, in-4° avec planches en couleur, photolithographies, gravures, cartes et vignettes; papier vergé; chaque volume. 50 fr. »

VARIÉTÉS ORIENTALES, historiques, géographiques, scientifiques et littéraires, par LÉON DE ROSNY. *Paris*, 1867, un vol. in-8°. 6 fr. »

GRAMMAIRE GÉNÉRALE INDO-EUROPÉENNE, ou comparaison des langues grecque, latine, française, gothique, allemande, anglaise et russe entre elles et avec le sanscrit; suivie d'extraits de poésies indiennes, par F. G. EICHHOFF. *Paris*, 1869; in-8°. 6 fr. 50

DICTIONNAIRE DES SIGNES IDÉOGRAPHIQUES DE LA CHINE, avec leur prononciation usitée au Japon, accompagné de la liste des signes idéographiques particuliers aux Japonais, d'une table des caractères cycliques et numériques, d'un index géographique et historique, d'un glossaire japonais-chinois des noms propres de personnes, par LÉON DE ROSNY. *Paris*, 1867; in-8°. 20 fr. »

LI-SAO, poëme du IIIe siècle avant notre ère, traduit du chinois, accompagné d'un commentaire perpétuel et publié avec le texte original, par le marquis D'HERVEY DE SAINT-DENYS. *Paris*, 1870; in-8°. 10 fr. »

ATHÉNÉE ORIENTAL

FONDÉ EN 1860.

Les publications périodiques de l'*Athénée* sont au nombre de deux; elles portent les titres suivants :

Bulletin de l'Athénée oriental (Compte rendu des Séances et Notices scientifiques), in-8°.

Mémoires de l'Athénée oriental (Travaux littéraires et artistiques), in-4°.

Les Membres de l'*Athénée* ont droit à ces deux recueils : le premier leur est envoyé *franco*, par la poste, à domicile; ils retirent le second au secrétariat, en échange de la lettre d'avis qui leur est envoyée à cet effet.

Le *Bulletin de l'Athénée oriental* paraît à des époques indéterminées, de manière à former des volumes in-8° de 400 pages au moins, avec cartes et planches, s'il y a lieu ; les personnes étrangères à l'*Athénée* peuvent s'y abonner au prix de 12 fr. 50 par volume.

Les *Mémoires de l'Athénée oriental* paraissent une fois chaque année par fascicules de format in-4°, ornés de planches, cartes, etc. Le public peut acquérir séparément chaque fascicule, dont le prix est indiqué sur la couverture.

(Pour la collection complète des publications de l'Athénée, voir à la 2e page de cette couverture.)

Conditions à remplir pour faire partie de l'Athénée.

Pour être admis dans le sein de l'*Athénée*, il faut en adresser la demande à un Membre du Conseil.

COTISATION. — Les *Membres titulaires* (M. T.) payent une cotisation annuelle de 20 FRANCS (soit 200 fr. une fois donnés).

Les *Membres libres* (M. L.) payent une cotisation annuelle de 10 FRANCS (soit 100 fr. une fois donnés).

Les uns et les autres reçoivent le *Bulletin* et les *Mémoires.*

Les *Membres titulaires* ont seuls le droit de prendre part aux délibérations administratives de la Société et du Conseil.

DIPLÔME. — Les Membres de toutes les classes reçoivent, à leur entrée dans le sein de l'*Athénée*, un diplôme dont le prix est de 10 fr. sur papier ou de 20 fr. sur parchemin.

Séances de la Société.

Les séances ordinaires de l'*Athénée* ont lieu le SECOND JEUDI de chaque mois (août à octobre exceptés). Les titres des lectures et communications doivent être annoncés à l'avance au Président.

Banquet annuel et Fêtes.

MM. les Membres sont informés, par circulaire, des jours fixés par le Bureau pour le banquet et pour les fêtes donnés par l'*Athénée.*

Bibliothèque et Collections.

La bibliothèque et les collections de l'*Athénée* sont à la disposition des Membres, tous les mardis, de 2 à 6 heures. Le prêt des livres a lieu aux mêmes jour et heures. S'adresser au bibliothécaire.

Avis. — Toutes les communications ou réclamations doivent être adressées au Secrétaire, au siége de l'ATHÉNÉE, 15, RUE LACÉPÈDE, A PARIS.

Paris. — Imprimerie de madame veuve Bouchard-Huzard, rue de l'Éperon, 5.

www.ingramcontent.com/pod-product-compliance
Ingram Content Group UK Ltd.
Pitfield, Milton Keynes, MK11 3LW, UK
UKHW020412180726
13839UKWH00003B/1304

9 782329 486567